Mini Chouette

6e

5e

11-12 ans

Du cycle 3 au cycle 4

Améliorer sa rédaction

Gaëlle Perrot

ISBN 978-2-401-04417-3

Hatier

Raconter une expérience, exprimer des sentiments

Je compte mes points

FORCE 1

Observe et retiens

Une consigne telle que « Vous relaterez cette expérience » ou « Vous raconterez ce souvenir » implique un **récit à la 1re personne**, situé dans le passé. Tu peux raconter des événements qui te sont arrivés ou en inventer.

1 Pense à expliquer les circonstances.
Où ? Quand ? Qui ? Pourquoi ?
Quand j'habitais à Berlin, de 6 à 10 ans, j'avais un ami…

2 Raconte ce que tu as vécu.
Insiste sur ce que tu as éprouvé à ce moment-là.
Je me sentais heureuse, jusqu'au jour où…

3 Décris ce que tu ressens au moment où tu écris.
Que t'a apporté cette expérience ? A-t-elle changé ton attitude ?

CONSEIL Précise les noms de lieux et l'identité des personnes pour renforcer la **vraisemblance** de ton récit.

1 **1. Lis attentivement le texte suivant.**

Au mois d'avril dernier, le collège a été mis en émoi par de petits papiers collés sur les casiers, les portes, les tableaux, sur lesquels étaient dessinés de magnifiques motifs : des visages, des paysages, des formes géométriques. J'ai mené l'enquête avec des camarades, mais nous n'avons jamais identifié l'auteur de ces dessins amusants. Hélas, au bout d'un mois, tout s'est arrêté. Les sourires ont cédé la place au dépit, chacun espérant secrètement le retour des petits papiers.

2. Souligne les mots et les expressions qui donnent des informations sur les sentiments du narrateur.

3. Quelles sont les trois émotions ressenties par le narrateur dans le texte ?

- l'intérêt
- l'ad……………………
- la déc……………………

…… / 2

2 **Écris, à l'imparfait, le début du texte pour préciser les circonstances.**

Fatou a marqué le premier but. En pleine lucarne ! Cette première réussite a galvanisé l'équipe. Ensuite, Laurine, après une remontée extraordinaire, a marqué le deuxième but. Nos supporteurs criaient et applaudissaient. C'était grisant ! Enfin, la gardienne a relancé, droit sur moi. J'ai récupéré la balle de la poitrine, j'ai driblé et tiré, puis j'ai fermé les yeux. C'est en entendant les cris que j'ai compris : nous avions gagné le championnat départemental !

...... / 6

3 **Raconte ce que as ressenti lors de ta première journée au collège.**

La rentrée avait lieu un mardi, sous un ciel radieux

Tu peux utiliser des verbes de sentiments : *ressentir, éprouver, s'enthousiasmer, admirer, s'émerveiller, se sentir dépité/déçu/désappointé…*

...... / 6

4 **Tu échanges via les réseaux sociaux avec ton correspondant anglais depuis trois ans. Vous allez enfin vous rencontrer ! Raconte cette première entrevue.**

Nos parents s'étaient enfin mis d'accord pour que Steven passe une semaine en France, à la maison. Quand il est descendu de l'Eurostar, j'ai tout de suite su

Tu peux utiliser des phrases interrogatives ou exclamatives pour exprimer tes émotions.

...... / 6

Le total de mes points est .... / 20

Rédiger une lettre ou un mail

Je compte mes points

FORCE 2

Observe et retiens

- Dans une lettre, les éléments suivants sont essentiels :

Casablanca,
le 03/07/2017 → **Lieu et date**

Chère Marion, → **Formule d'ouverture**

Je viens d'arriver à Casablanca, la ville d'origine de ma famille.
Tout se passe très bien. Nous avons déjà pu aller à la plage plusieurs fois. → **Message**

À bientôt pour de nouvelles aventures ! → **Formule de politesse**

Amira → **Signature**

- Dans un mail ou un SMS, on ne précise pas la date et le lieu.
- La formule d'ouverture, la formule de politesse et le style du message doivent être adaptés au correspondant (la personne à laquelle on s'adresse).

1 Relie chaque formule d'ouverture au destinataire correspondant.

Madame,	•	•	un écrivain
Salut Léo !	•	•	une famille
Cher monsieur Martin,	•	•	une principale de collège
Bonjour à tous !	•	•	un homme politique
Monsieur le Député,	•	•	un ami du collège

...... / 5

2 **Marion ne part pas cet été, mais elle a prévu des sorties près de chez elle. Complète la réponse qu'elle envoie à Amira le 12/07/2017.**

....

....

....

Merci pour les nouvelles ! Ici, c'est la canicule, alors je vais à la piscine à vélo presque tous les matins. D'après la météo, il fait encore plus chaud au Maroc ! Comment va ta mamie (*gida*) ?

J'ai hâte de recevoir ta réponse !

....

...... / 5

3 **Complète la deuxième lettre d'Amira, où elle répond aux questions de Marion et décrit avec admiration les œuvres de sa grand-mère, artiste peintre.**

Casablanca, le 24/07/2017

Chère Marion,

....

....

....

....

....

....

...... / 5

4 **Écris le mail que Marion et Amira adressent au principal de leur collège pour lui demander d'être dans la même classe à la rentrée.**

....

....

....

....

Nous vous remercions par avance de l'attention que vous porterez à notre demande et vous prions d'accepter, monsieur, nos salutations respectueuses.

....

...... / 5

Le total de mes points est .... / 20

Répondre à une question sur un texte

Je compte mes points

FORCE 1

Observe et retiens

▸ Voici la démarche en six étapes.

1 Lis le texte 2 fois
Demande-toi : qui/quoi ? où ? quand ? comment ?

2 Lis la question
Analyse la consigne : faut-il souligner, relever, expliquer… ?

3 Cherche des indices
Repère le passage du texte qui permet de répondre et souligne les indices.

4 Rédige ta réponse
Fais une phrase complète et justifie en citant les indices que tu as trouvés.

5 Vérifie
Relis la question et ta réponse pour vérifier qu'elles correspondent.

6 Corrige
Vérifie la construction et l'orthographe de ta phrase.

▸ CONSEIL Si tu ne connais pas le sens d'un mot, consulte un dictionnaire.

1 **1. Lis le texte suivant. Il s'agit d'un poème court que l'on appelle haïku.**

Un vieil étang
Une grenouille plonge
Le bruit de l'eau
(Bashô, *Cent onze haïku*, XVIIe siècle)

2. Vérifie que tu as compris le sens général.

Qui ? ....

Que fait-elle ? ....

Où ? ....

3. Coche les bonnes réponses. Les deux sens sollicités par ce poème sont :

❑ a) la vue ❑ b) le toucher ❑ c) l'ouïe ❑ d) l'odorat ❑ e) le goût

...... / 5

2 **Formule correctement la réponse entre parenthèses.**

Exemple : *À quoi les insectes sont-ils comparés ? (à des aiguilles)*

→ *Les insectes sont comparés à des aiguilles.*

> Pour répondre, reprends les termes de la question dans une phrase correcte et ponctuée.

1. Quelles sont les deux qualités des insectes ? (précision et agilité)

→ ....

2. Qu'est-ce que le poète admire ? (tout ce qui vit et bouge sur Terre)

→ ....

3. En quelle saison le poète décrit-il la nature ? (été)

→ ....

...... / 3

3 1. **Lis le poème suivant.**

Bestiaire du coquillage

Si tu trouves sur la plage
un très joli coquillage
compose le numéro
OCÉAN O. O.
Et l'oreille à l'appareil
la mer te racontera
dans sa langue des merveilles
que Papa te traduira.

Claude Roy, « Bestiaire du coquillage »,
in *Enfantasques* © Éditions Gallimard.

2. **À qui s'adresse le poète ? Cite au moins un indice pour justifier ta réponse.**

Le poète s'adresse à ....

Indice : le mot « .... *»*

3. **Relève deux mots qui appartiennent au vocabulaire de la mer.**

Les mots ....

....

...... / 4

4. **Comment le poète propose-t-il d'utiliser le coquillage ?**
<u>Souligne</u> dans le texte les mots qui permettent de répondre.

....

....

...... / 4

5. **Explique pourquoi le poète compare le coquillage à cet appareil.**

....

....

....

> Dans certaines questions, on peut te demander d'expliquer ce que l'auteur a voulu exprimer.

...... / 4

Le total de mes points est .... / 20

Exprimer son opinion

Je compte mes points

FORCE 3

Observe et retiens

Après une lecture, une visite, un spectacle, on peut te demander d'exprimer ton opinion (= de donner ton avis) à l'écrit ou à l'oral.

1 Exprime ton point de vue avec des **verbes d'opinion** :
je pense, je crois, j'estime, je suis convaincu, j'ai l'impression, j'ai le sentiment, je désapprouve...

2 Justifie chaque idée avec une **raison** et un **exemple** concret.
Utilise un vocabulaire :
- **mélioratif** si ton jugement est positif ;
- **péjoratif** s'il est négatif.

CONSEIL Utilise des **connecteurs logiques** pour :

ajouter une idée	*par ailleurs, en outre, de plus...*
exprimer la cause	*car, en effet, étant donné que, parce que...*
exprimer la conséquence	*donc, par conséquent, c'est pourquoi...*
opposer deux idées	*cependant, mais, pourtant, au contraire, or...*

1 **Dans le cadre d'un débat organisé en classe, Zoé a écrit le texte suivant.**

Je suis convaincue qu'il faut éviter d'utiliser des sacs en plastique. En effet, ces sacs se retrouvent dans la nature, certains animaux les confondent avec des proies, les mangent et meurent. Par exemple, les tortues marines confondent les sacs en plastique avec des méduses.

1. Quelle est l'idée défendue par Zoé ?

....

2. Pour quelle raison Zoé défend-elle cette idée ?

....

3. Quel exemple donne-t-elle ?

....

...... / 6

2 **Pour participer à un débat sur l'écologie, Charlotte rassemble des éléments. Pour l'aider, relie chaque idée à la raison et à l'exemple qui lui correspondent.**

idées	raisons	exemples
A L'amélioration de la qualité de l'air est un enjeu majeur pour la santé des êtres vivants. •	• **1** Les pesticides de synthèse sont interdits en agriculture biologique. •	• **a** La combustion de l'essence fabriquée à partir du pétrole entraîne le rejet de gaz polluants.
B Pour préserver notre planète, nous devons développer les énergies renouvelables. •	• **2** La pollution atmosphérique peut endommager les poumons et le cerveau. •	• **b** Le glyphosate, herbicide dangereux pour la santé, n'est pas utilisé en agriculture bio.
C L'agriculture biologique préserve la qualité de l'eau, des sols et des espèces vivantes. •	• **3** L'utilisation de combustibles fossiles accélère le réchauffement climatique. •	• **c** Une concentration de 10 % de CO_2 dans l'air peut provoquer des troubles visuels.

...... / 6

3 **1. Quelle est l'idée défendue par cette image ?**

Le mot *pestizide* signifie *pesticide*, en allemand.

....

....

....

....

....

2. Complète le texte suivant en donnant au moins deux raisons et deux exemples concrets.

J'estime que l'agriculture biologique est un bienfait pour la planète parce qu'elle permet ....

....

....

Pense à utiliser des connecteurs logiques.

...... / 8

Le total de mes points est .... / 20

Écrire un récit (1)
Trouver des idées

Je compte mes points

FORCE 1

Observe et retiens

Voici trois étapes préparatoires indispensables avant de te lancer dans la rédaction.

1 Analyse le sujet (mentalement)
- Lis attentivement le sujet et repère les mots importants.
- Reformule le sujet avec tes mots.

2 Recherche des idées (au brouillon)
- Demande-toi :
  - Qui sont les personnages principaux ?
  - Que va-t-il se passer ?
  - Comment se finira l'histoire ?
- Relis le sujet, élimine les idées hors sujet.

3 Organise ton récit (au brouillon)
- Mets tes idées en ordre sous forme de plan.
- Vérifie les contraintes de forme avant de te lancer.

Lis attentivement le sujet de rédaction suivant.

Leyla et Tom, enlevés à leur famille, se retrouvent embarqués à bord d'un bateau pirate.
Lors d'une escale, ils sont abandonnés sur une île mais bientôt ils se rendent compte qu'ils ne sont pas seuls…
Dans un texte d'environ dix lignes, raconte ce que les enfants vont découvrir sur l'île et ce qu'ils ressentent. Utilise l'imparfait et le passé simple.

1 **Dans le sujet, surligne en orange le nom des personnages, en jaune le lieu de l'action, en rose le temps des verbes que tu dois utiliser dans ton récit.** ....../3

2 **Coche toutes les bonnes réponses.**

1. Quelle est la situation de Leyla et Tom au début du récit ?

- ❑ a) Ils sont prisonniers des pirates.
- ❑ b) Ils ont étés débarqués sur une île.
- ❑ c) L'île semble déserte.

2. Que doit contenir ton texte ?

- ❑ a) La description du bateau des pirates.
- ❑ b) Le récit des découvertes de Leyla et Tom sur l'île.
- ❑ c) La description de leurs sentiments.

3. Quelles sont les contraintes de forme ?

- ❑ a) Le récit doit être rédigé à la 3e personne.
- ❑ b) Les actions doivent être rapportées au passé simple.
- ❑ c) Les descriptions doivent être à l'imparfait.
- ❑ d) Le texte doit faire une page.

.... / 8

3 **1. Note tes idées au brouillon pour raconter cette histoire. Voici des photos pour t'aider. Pour réveiller ton imaginaire, tu peux aussi dessiner.**

2. Quelles pourraient être les quatre étapes de l'histoire ?

- ....
- ....
- ....
- ....

.... / 8

4 **Comment se finit l'histoire ?**

À la fin, les enfants ....

.... / 1

Le total de mes points est .... / 20

Écrire un récit (2) Décrire le cadre

Je compte mes points

FORCE 2

Observe et retiens

Pour rédiger une description, voici trois recommandations.

1 Introduis la description au bon moment du récit
Ici, un personnage découvre un lieu.

2 Résume l'impression générale que dégage le lieu.

3 Utilise un vocabulaire adapté
- Situe les éléments dans l'espace à l'aide d'indicateurs spatiaux.
- Emploie des mots spécifiques au lieu décrit (ici un canyon).

Shadi, jeune pilote intergalactique, échoue sur une planète ennemie.

Il s'approcha doucement de l'immense fenêtre et dut se cramponner pour ne pas tomber tant le spectacle était grandiose.

Face à lui s'ouvrait un large canyon dont les flancs étaient taillés en immenses marches d'escalier. Chaque niveau se terminait par une baie vitrée derrière laquelle on pouvait apercevoir de larges ouvertures dans la roche. La montagne semblait transpercée de toute part.

Alain Grousset, *La guerre des livres*, Gallimard Jeunesse, 2009.

1 **Souligne la phrase qui résume l'impression générale que donne la plateforme Lunéa.**

Des scientifiques font escale dans un village robotique lunaire.

Connectées à la surface de la Lune par un champ magnétique gravitationnel, les plateformes étaient composées de modules résistant aux radiations et ayant chacun une fonction précise : lieu d'habitation, unité de production… Lunéa était la plus grande et la plus moderne des plateformes lunaires. De forme ovoïde, elle était composée de neuf modules reliés par un réseau de galeries boisées. L'équipe de Léonard devait vivre dans le module numéro 3 pendant un mois.

…… / 1

2 **Surligne :**

– en orange les indicateurs spatiaux ;

– en rose les mots qui décrivent précisément le vaisseau.

Ariane pilote un vaisseau de transport intergalactique en direction de Mars.

Doté de réacteurs à propulsion transsonique, le Planetaria permettait de rejoindre n'importe quelle planète connue de l'univers en moins d'un mois. À l'intérieur, tout était aménagé pour le bien-être des passagers. Pour résister à la violence du voyage dans les galaxies, ceux-ci devaient rester dans leurs capsules de vie : un système holographique leur donnait l'illusion de se déplacer. Au centre du vaisseau se trouvait le poste de commandement d'où Ariane contrôlait la trajectoire et donnait des instructions aux membres de l'équipage.

.... / 6

3 **Rédige la description du lieu représenté sur l'image en trois étapes.**

1. **Mets en scène les personnages qui découvrent le lieu.**
2. **Précise l'impression générale qui s'en dégage.**
3. **Décris le lieu avec des indicateurs spatiaux et un vocabulaire précis.**

....

....

....

....

....

....

.... / 6

4 **Imagine et décris la maison de l'an 3000.**

Tu peux commencer par dessiner pour trouver des idées.

....

....

....

....

....

....

....

.... / 7

Le total de mes points est .... / 20

Écrire un récit (3) Présenter les personnages

Je compte mes points

FORCE 2

Observe et retiens

Pour que le lecteur parvienne à imaginer les personnages, à les visualiser, on met en évidence leurs **caractéristiques** :

- **physiques** (apparence)

« Chacun en la voyant s'imaginait voir le follet, tant elle était petite, maigre, ébouriffée. *»*
(George Sand, *La Petite Fadette*, 1849)

- **morales** (caractère, attitudes...)

« Ce personnage grave, flegmatique *et silencieux se nommait Hans Bjelke. »*
(Jules Verne, *Voyage au centre de la Terre*, 1864)

« Il allait, venait, chantait [...] *volait un peu, mais comme les chats et les passereaux,* gaîment. *»*
(Victor Hugo, *Les Misérables*, 1862)

1 **1. Lis attentivement le texte suivant.**

« Le Chat se contenta de sourire en voyant Alice. Elle lui trouva l'air fort aimable ; pourtant, il avait des griffes extrêmement longues et un très grand nombre de dents [...]

[Le Chat] disparut très lentement, en commençant par le bout de la queue et en finissant par le sourire, qui persista un bon bout de temps après que le reste de l'animal eut disparu. »

Lewis Carroll, *Alice au pays des merveilles*, Macmillan and Co, 1865.

2. Dans le premier paragraphe, surligne en vert ce qui décrit physiquement le Chat et en orange ce qui permet de connaître son caractère.

3. À partir du deuxième paragraphe, décris avec tes propres mots le pouvoir magique du Chat.

....

....

....

....

...... / 6

Corrigés à détacher

Après avoir lu les corrigés proposés ici, évalue-toi avec la grille en fin de cahier.

Raconter une expérience, exprimer des sentiments p. 2

OBJECTIF : écrire un récit à la 1re personne en respectant des contraintes.

1 2. **Sentiments du narrateur :** « mis en émoi », « magnifiques », « amusants », « Hélas », « dépit ».
3. **Émotions ressenties par le narrateur :** l'admiration, la déception.

2 **CONSEIL :** décris le contexte (lieu, moment) et pas le début du match.
C'était un dimanche d'avril 2018, sous un soleil printanier. Pour la première fois, l'équipe de football féminine du collège parvenait en finale de la coupe départementale. Dans les tribunes, la tension était à son comble.

3 La rentrée avait lieu un mardi, sous un ciel radieux, pourtant je n'arrivais pas à m'enthousiasmer. J'éprouvais une certaine appréhension, car je ne voyais aucun de mes amis. Heureusement, après quelques jours, je me suis senti plus à l'aise.

4 [circonstances] Nos parents s'étaient enfin mis d'accord pour que Steven passe une semaine en France, à la maison. Quand il est descendu de l'Eurostar, [sentiments] j'ai tout de suite su que nous allions passer des moments inoubliables ensemble ! [récit de l'expérience vécue] Je lui ai présenté tous les amis dont je lui avais parlé et lui ai montré tous les endroits où j'aime passer mon temps libre.

Rédiger une lettre ou un mail p. 4

OBJECTIF : maîtriser les contraintes d'écriture d'un courrier et l'adapter au destinataire.

1
- Madame → Une Principale
- Salut Léo ! → un ami du collège
- Cher monsieur Martin → un écrivain
- Bonjour à tous ! → une famille
- Monsieur le Député → un homme politique

2 Saint-Martin-d'Hères
Le 12 juillet 2017
Bonjour Amira
Marion

3 Chère Marion,
Tu as raison, ici, il fait très chaud. La semaine dernière le thermomètre est monté à 45 degrés !
Gida va bien. Elle prépare une exposition. Je trouve ses nouvelles toiles magnifiques. Elle a décidé de représenter les couleurs du Maroc de son enfance. Tu adorerais, j'en suis sûre.
Je t'embrasse,
Amira.

4 Monsieur le Principal,
Nous souhaiterions être dans la même classe de 5e à la rentrée. En effet, nous nous entraidons pour les devoirs et, comme nous habitons dans le même quartier, nous faisons souvent le chemin ensemble. [...]
Amira Alioui et Marion Beaugrand, 6e 6

Répondre à une question sur un texte p. 6

OBJECTIF : exploiter ses lectures pour enrichir ses écrits.

1 2. **Qui ?** Il s'agit d'une grenouille.
Que fait-elle ? Elle plonge.
Où ? Dans un vieil étang.
3. Les sens sollicités par ce poème sont : a) la vue et c) l'ouïe.

2 1. Les deux qualités des insectes sont la précision et l'agilité.
2. Le poète admire tout ce qui vit et bouge sur Terre.
3. Le poète décrit la nature en été.

3 2. Le poète s'adresse à son enfant.
Indice : le mot « Papa ».
3. Les mots « plage », « coquillage », « océan », « mer ».
4. Le poète conseille à l'enfant d'utiliser le coquillage comme un téléphone.
On souligne : « <u>Compose le numéro</u> », « <u>l'oreille à l'appareil</u> ».
5. Quand on place un coquillage à l'oreille, on a l'impression d'entendre le bruit des vagues. Le poète imagine que ce bruit est le langage de la mer, qui lui parle dans une langue étrangère.

Exprimer son opinion p. 8

OBJECTIF : justifier son point de vue avec des arguments et des exemples.

1 1. Zoé défend l'idée qu'il faut éviter d'utiliser des sacs en plastique.
2. Les sacs en plastique se retrouvent dans la nature et provoquent la mort de nombreux animaux qui les confondent avec de la nourriture.
3. L'exemple donné par Zoé est celui des tortues marines qui confondent les sacs en plastique avec les méduses dont elles se nourrissent habituellement.

2 • A, 2, c • B, 3, a • C, 1, b

3 

1. L'image défend l'idée que l'agriculture biologique protège la nature alors que les pesticides la détruisent.
2. J'estime que l'agriculture biologique est un bienfait pour la planète [raison 1 :] parce qu'elle permet de limiter le réchauffement climatique, [exemple :] par exemple en produisant moins de gaz à effet de serre [autre exemple possible :] ou encore en stockant plus de carbone dans le sol. [raison 2 :] Par ailleurs, l'agriculture biologique est un bienfait pour la planète parce qu'elle préserve la santé. [exemple :] En effet, certains pesticides de synthèse sont cancérigènes.

Écrire un récit (1)
Trouver des idées p. 10

OBJECTIFS : analyser un sujet d'invention et structurer ses idées au brouillon avant de rédiger.

1 • **Nom des personnages :**
« Leyla et Tom ».
• **Lieu de l'action :**
« à bord d'un bateau pirate », « sur une île ».
• **Temps des verbes :**
« l'imparfait et le passé simple ».

2 1. a) b) • 2. b) c) • 3. a) b) c)

3 

1. **Idées notées au brouillon :**
– Leyla et Tom cherchent de la nourriture et un abri ;
– ils rencontrent des animaux sauvages (serpents…) ;
– ils sont secourus par un groupe de grands singes qui font du feu et construisent des cabanes.

2. • Ils cherchèrent d'abord de quoi manger et trouvèrent une grotte pour s'abriter.
• Au fil des jours, ils découvrirent ensuite les restes d'un feu, une cabane et des traces de pas…
• Un jour, Tom fut mordu par un serpent venimeux.
• Heureusement, les enfants rencontrèrent de grands singes qui aidèrent le garçon à extraire le venin et lui sauvèrent ainsi la vie.

4 À la fin, les enfants furent adoptés par le groupe de primates et ils vécurent de nombreuses années sur l'île.

Écrire un récit (2)
Décrire le cadre p. 12

OBJECTIF : créer l'atmosphère du récit.

1 **Impression générale que donne la plateforme Lunéa :**
« Lunéa était la plus grande et la plus moderne des plateformes lunaires. »

2 • **Indicateurs spatiaux :**
à l'intérieur, au centre.
• **Mots qui décrivent le vaisseau :**
réacteurs à propulsion transsonique, capsules de vie, système holographique, poste de commandement.

3 

REMARQUE : dans le corrigé proposé, les indicateurs de lieux sont **en gras** et le vocabulaire spécifique est souligné.

[mise en scène des personnages :]
Les trois amis parvinrent **au bord** d'un gouffre d'où émanait un épais brouillard. **Au-dessus d'eux**, une cascade dégringolait d'une sphère transparente qui protégeait une ville construite sur une plateforme en lévitation. **Au centre**, un immense gratte-ciel émergeait, entouré d'autres plus petits.
[impression générale :] Le silence régnait dans ce petit monde en suspension.

4 En l'an 3000, chaque habitation, totalement autosuffisante, produira puis recyclera la nourriture et les objets du quotidien. Grâce à des films photovoltaïques intégrés, le vitrage produira de l'énergie (chauffage, électricité). Les eaux pluviales seront récupérées sur la toiture végétalisée.

Écrire un récit (3)
Présenter les personnages p. 14

OBJECTIF : écrire un portrait physique et moral.

1 2. **Description physique du Chat :** « des griffes extrêmement longues et un très grand nombre de dents ».
Caractère du Chat : « sourire », « l'air fort aimable ».
3. **Pouvoir magique du Chat :**
Le chat a le pouvoir de disparaître progressivement, en terminant par son sourire.

2 

REMARQUE : le griffon a enlevé le prince, on peut donc penser qu'il est agressif et menaçant.
Arrivée à l'entrée de la grotte, Morgane aperçut le griffon : il se tenait debout, l'air menaçant. Ses serres d'aigle aux griffes acérées semblaient prêtes à saisir le premier qui oserait s'attaquer à son trésor. Il fronçait ses horribles petits yeux noirs et faisait claquer son bec nerveusement.

3 

Loan était danseur professionnel.
[portrait physique :]
Svelte, de taille moyenne, il avait un visage juvénile et des yeux noirs pleins de rêves.
[portrait moral :]
Déterminé et courageux, passionné par son métier, il s'entraînait tous les jours pour maîtriser son corps et réaliser des figures toujours plus aériennes. Il désirait créer sa propre compagnie, alors avec Malia, sa meilleure amie également danseuse, il écrivait des chorégraphies.

Écrire un récit (4) Enchaîner les actions p. 16

OBJECTIF : mettre en valeur la chronologie du récit et créer de la tension dramatique.

1 2. **Mots de liaison qui indiquent que les actions se suivent :** « d'abord », « et », « puis », « enfin ».
Mot de liaison qui indique une action rapide : « soudain ».
3. **Verbes d'action à encadrer :** s'éleva • se précipita • traversa • ouvrit • arriva.

2 Après des mois de tentatives infructueuses pour vaincre le Grendel, Günar se décida **soudain** à partir en quête de L'Edda, un livre sacré. **Quand** il s'empara du vieux grimoire, celui-ci s'ouvrit **aussitôt**, éclairé par une étrange lumière. Günar découvrit **ainsi** que pour sauver son peuple il devait faire appel à Freyyia, une elfe puissante et bienveillante.

3 Mémonia sentit **tout à coup** l'ennemi se matérialiser juste derrière elle, se concentra quelques secondes, **puis**, d'un geste fluide, fit tomber l'arbre le plus proche sur la créature malfaisante, qui s'écarta juste à temps. La jeune fille propulsa **alors** des boules incandescentes sur la fourmi géante. **Enfin** elle se mit à courir éperdument.

4 

Tout à coup, le cavalier de la Lune fut cerné par deux dragons. Il sentit son cheval ailé se cabrer de douleur sous la morsure du plus petit. **Aussitôt**, il fondit sur le grand dragon esquiva une gerbe de flammes, arma son arme et le blessa, tandis que son cheval donnait de grands coups de sabots afin de faire fuir le petit.

Écrire un récit (5) Insérer un dialogue p. 18

OBJECTIF : maîtriser les règles d'insertion du dialogue dans le récit.

1 2. « On va faire un jurement, proposa Morgane. […]
– Elle va nous coller dans un foyer, prédit Siméon.
[…] Venise le questionna :
– Mais on le fait le *jurement* ou pas ?
– On le fait, dit l'adolescent. […]
– Les Morlevent ou la mort, dit Siméon avec un sérieux surprenant. »

2 « Je suis volontaire ! s'écria Jade en souriant.
— Moi aussi ! s'exclama à son tour Yasmine avec assurance.
— Dans quelle équipe voulez-vous être inscrites ?
— Peu importe, répondirent d'une même voix les deux adolescentes. »

3 **demanda** Arthur • **répondit** Aurélien • **insista** Arthur • **reconnut** Aurélien • **raconta**-t-il

4 

« Mamie, c'est qui la dame sur la photo ? interrogea le petit garçon.
— C'est moi ! répondit la grand-mère en souriant. Nous étions en vacances avec Papi et ton papa. Il avait à peu près ton âge et nous allions visiter le château du Haut-Koenigsbourg, en Alsace, raconta-t-elle.
— Est-ce qu'il y en a une avec papa ?, demanda Ethan.
— Attends, je vais trouver, assura la grand-mère en l'embrassant. »

Éviter les répétitions p. 20

OBJECTIF : utiliser efficacement les reprises nominales et pronominales.

1 2. Le pronom « **celui** » remplace « Le corps ». 3. Le GN « **cet insecte** » remplace « la fourmi-panda ».

2 • « **satellite naturel de la Terre** », « **l'objet céleste le plus visible** », « **l'astre de la nuit** » permettent de ne pas répéter « la Lune ».
• « **notre planète** » permet de ne pas répéter « la Terre ».

3
• Jacob → il
• Le grand-père de Jacob → Ce dernier
• Jacob → Le jeune homme
• son grand-père → son aïeul
• ces enfants → qui

4 

La pilote expérimentée (ou l'aviatrice)

Les deux championnes de BMX

Les navigateurs de l'extrême (ou les marins aguerris)

5 1. Aeris regarde comment Leïa pilote le vaisseau, puis **il en** prend les commandes.

2. Les rebelles terriens ont envoyé un message aux Martiens. **Ils l'**ont reçu mais **ils n'y** ont pas répondu.

Varier son vocabulaire p. 22

OBJECTIF : choisir le mot juste.

1 Kim **a voyagé** dans de nombreux pays d'Europe. Elle **raconte** qu'en Écosse elle **a aperçu** le monstre du Loch Ness dans la brume. Lors d'un séjour en Finlande, elle **s'est rendue** en Laponie où elle a pu **contempler** une aurore boréale !

2
- allait → marchait
- vit → aperçut
- eu → obtenu
- prit → saisit
- dit → expliqua
- fut → se sentit

3 **CONSEILS :**
– la phrase d'amorce étant au passé composé, conserve le même temps pour la suite.
– ce sujet se prête bien au travail sur **l'enchaînement des actions** (voir pages 16-17).

Il a atterri à l'aéroport d'Ushuaïa, **puis** a traversé le détroit de Drake jusqu'à la péninsule Antarctique. Là, il a échappé à une tempête et a dû affronter des vagues de plusieurs mètres. **Alors**, il a décidé de se reposer quelques jours à Grytviken, en Géorgie du Sud, avant d'atteindre les îles Falkland. **Ensuite** il a essuyé une nouvelle tempête qui a sérieusement endommagé son bateau. **Finalement**, il a rejoint l'expédition *Antartica*, une équipe de chercheurs sur le milieu marin avec lesquels il a travaillé pendant plusieurs mois.

Se relire p. 24

OBJECTIF : apprendre à travailler au brouillon.

1 Ils n'hésitèrent pas un instant et se jetèrent à l'eau. La traversée était périlleuse : l'eau était noire et le courant pouvait les emporter à chaque instant.

2 Lundi dernier, Céline Dumerc, capitaine ~~de~~ de **l'équipe** de France de basket féminin, est venue **au** collège. Elle nous a expliqué comment **elle** s'entraînait et en quoi consistait son rôle **de** capitaine. Ensuite, nous avons échangé quelques balles avec **elle**.

3 L'Etna ~~et~~ **est** un volcan ~~situer~~ **situé** en Sicile. Il ~~culminent~~ **culmine** à 3 300 ~~mètre~~ **mètres** d'altitude, ce qui en fait le plus haut volcan actif d'Europe. Les dernières éruptions ont ~~eus~~ **eu** lieu au sommet. Le plus à craindre ~~serais~~ **serait** une éruption sur les basses pentes, les plus peuplées.

4
- Jade reçoit un SMS dans lequel Lena lui reproche de colporter des rumeurs.

- La jeune fille est effondrée : sa meilleure amie l'accuse de trahison !
- Le lendemain, Jade propose à Lena de la retrouver dans un café pour échanger face à face. Il s'avère que tout cela n'était qu'un malentendu.

- Les deux amies réconciliées vont ensemble au cinéma.

BILAN : Rédiger efficacement p. 26

OBJECTIF : revoir les bases de la rédaction.

1 **CONSEIL :** réponds par des phrases complètes.
1. Les personnages s'appellent Keren et Nathan ; ils sont dans le métro.
2. • Ils sont d'abord intrigués parce que le métro est arrêté à une station déserte et plongée dans le noir.
   • Ensuite, Nathan, qui connaît par cœur toutes les stations du métro, y compris les stations fantômes (abandonnées), ne connaît pas celle-ci.
   • Enfin, le conducteur n'a donné aucune explication.
3. Keren suppose que le conducteur s'est endormi.

2 **CONSEILS :**
– relis le texte pour en reproduire l'atmosphère ;
– note, puis organise l'ordre des actions (choisis les mots de liaison et l'endroit où insérer le dialogue puis la description du lieu).

4 Les deux enfants tentèrent de sortir du wagon, seulement, les portes étaient fermées. Alors Keren, paniquée, tira le signal d'alarme et les portes s'ouvrirent en silence. Ils descendirent prudemment. Le quai était plongé dans l'obscurité, mais ils apercevaient une lueur au loin et se décidèrent à marcher dans sa direction. Ils avançaient à tâtons, en se tenant par la main, quand, soudain, ils ne sentirent plus le sol sous leurs pieds… Ils tombèrent dans le vide et atterrirent un peu brusquement sur un tapis de feuilles sèches. En ouvrant les yeux, ils découvrirent un parc magnifique, plein d'arbres multicolores et de fleurs géantes. Tout à coup, ils entendirent une voix derrière eux.
« Que faites-vous là ? demanda un étrange petit animal.
— On ne sait pas…, balbutièrent les deux enfants. Où sommes-nous ?
— Vous êtes à Sublutetia !, répondit l'étrange petit animal. Mais qui êtes-vous donc ? »

2 **La princesse Morgane entreprend de délivrer le prince qu'elle aime, retenu prisonnier par un griffon. Observe l'illustration, imagine le caractère de cet animal mythologique, puis décris le monstre.**

L'avant du corps du griffon évoque un aigle, l'arrière un lion, et il a des oreilles de cheval.

Arrivée à l'entrée de la grotte, Morgane aperçut le griffon : ....

.... / 6

3 **Présente ce personnage en faisant son portrait physique et moral.**

Loan était danseur professionnel. Svelte, de taille moyenne, il ....

....

Après avoir décrit sa silhouette, son visage et son caractère, tu peux évoquer son quotidien (ses entraînements, sa famille, ses amis...).

.... / 8

Le total de mes points est ...... / 20

Écrire un récit (4) Enchaîner les actions

Je compte mes points

FORCE 3

Observe et retiens

- Pour intéresser le lecteur, l'auteur entraîne ses personnages dans une série d'actions qui font progresser le récit jusqu'à son **dénouement** (= la fin de l'histoire).
- Pour mettre en valeur la logique du récit, on utilise des **mots de liaison** :

Actions successives	Actions rapides	Fin de l'action
puis, ensuite, alors, quand, le lendemain...	*aussitôt, soudain, tout à coup, brusquement...*	*ainsi, enfin, finalement...*

- Pour rendre le récit **haletant** et **passionnant**, on utilise des **verbes d'action**.

  *Elle **bondit** en arrière, **sauta** en l'air puis **fondit** sur le cavalier noir.*

1 1. **Lis attentivement le texte.**

Catheleen se rend dans une forteresse abandonnée pour chercher un vieux grimoire et découvre son pouvoir de télékinésie.

Arrivée devant la herse, Catheleen chercha d'abord une autre entrée, mais la muraille s'étendait de part et d'autre, à perte de vue. Soudain envahie par une force étrange, elle demanda mentalement à la grille de se soulever et celle-ci s'éleva. Sans s'attarder sur ce prodige, la jeune femme se précipita à l'intérieur de la citadelle, puis traversa au galop la cour immense jusqu'au deuxième mur d'enceinte. Elle ouvrit par la pensée la lourde porte en fer qui faisait obstacle à son passage et arriva enfin au pied du vieux donjon.

2. **Surligne en orange quatre mots de liaison qui indiquent que les actions se suivent et en bleu un mot de liaison qui indique une action rapide.**

3. **Encadre cinq verbes d'action.**

...... 6

2 **Complète le texte avec les mots suivants.**

quand | ainsi | aussitôt | soudain

Ajoute des majuscules si nécessaire.

Après des mois de tentatives infructueuses pour vaincre le Grendel, Günar se décida .... à partir en quête de L'Edda, un livre sacré. .... il s'empara du vieux grimoire, celui-ci s'ouvrit ...., éclairé par une étrange lumière. Günar découvrit .... que pour sauver son peuple il devait faire appel à Freyyia, une elfe puissante et bienveillante.

.... / 4

3 **Complète le texte avec quatre mots de liaison différents.**

Mémonia sentit .... l'ennemi se matérialiser juste derrière elle, se concentra quelques secondes, ..., d'un geste fluide, fit tomber l'arbre le plus proche sur la créature malfaisante, qui s'écarta juste à temps. La jeune fille propulsa .... des boules incandescentes sur la fourmi géante. ...., elle se mit à courir éperdument.

.... / 4

4 **Raconte ce combat en décrivant l'enchaînement des actions.**

Utilise une suite de verbes d'action pour rendre l'action haletante.

Tout à coup, le cavalier de la Lune fut cerné par deux dragons.

....

....

....

....

....

....

....

....

.... / 6

Le total de mes points est .... / 20

Écrire un récit (5)
Insérer un dialogue

Je compte mes points

FORCE 2

Observe et retiens

- Parfois, le récit s'interrompt pour rapporter les paroles des personnages : c'est le **dialogue**. Il se situe souvent à un **moment crucial** et fait avancer l'histoire.
- Un dialogue est introduit dans le récit par un verbe de parole qui peut être placé avant les paroles ou en incise.

  Medhi s'exclama : « Je n'y crois pas ! »

  « Je n'y crois pas », s'exclama Medhi.
- Un dialogue présente une ponctuation particulière. La plupart du temps :

  – on place des guillemets au début et à la fin ;

  – un tiret indique que le personnage qui parle change.

1 **1. Lis attentivement le texte suivant.**

Les enfants Morlevent sont orphelins. Ils discutent en attendant l'assistante sociale qui doit décider de leur sort.

« On va faire un jurement, proposa Morgane. On jure que personne peut nous séparer. Hein Siméon ?

— Elle va nous coller dans un foyer, prédit Siméon.

Siméon serra les poings. Venise le questionna :

— Mais on le fait le *jurement* ou pas ?

— On le fait, dit l'adolescent. Écoutez les filles. Sur Terre, il y a d'autres Morlevent que nous, je ne sais pas combien. Ce sont nos demi-frères et nos demi-sœurs. Ils sont nés avant nous. Vous comprenez ? On DOIT leur confier notre garde.

— Les Morlevent ou la mort, dit Siméon avec un sérieux surprenant. »

D'après Marie-Aude Murail, *OH BOY* © L'école des loisirs, 2000.

2. Dans le texte, colorie en orange la ponctuation propre au dialogue, en vert les verbes de parole.

...... / 2

2 **Dans le dialogue suivant, remets les guillemets et les tirets qui ont disparu.**

.... Je suis volontaire ! s'écria Jade en souriant.

.... Moi aussi ! s'exclama à son tour Yasmine avec assurance.

.... Dans quelle équipe voulez-vous être inscrites ?

.... Peu importe, répondirent d'une même voix les deux adolescentes. ....

...... / 5

3 **Dans le dialogue suivant, remets les verbes de parole, qui ont disparu.**

reconnut | insista | raconta | répondit | demanda

« Aurélien, maintenant nous sommes seuls, dis-moi la vérité, ... Arthur.

— J'ai peur, ... Aurélien en regardant ses pieds.

— Allez, raconte, je pourrai certainement t'aider à trouver une solution si on en parle, ... Arthur. Et il posa sa main sur l'épaule d'Aurélien.

— Tu as sûrement raison, ... Aurélien. Alors voici ce qui s'est passé, ... -t-il. »

...... / 5

4 **Imagine le dialogue entre les personnages de la photo.**

....

....

....

....

....

....

....

....

....

....

...... / 8

Le total de mes points est .... / 20

Éviter les répétitions

Je compte mes points

FORCE 2

Observe et retiens

Pour éviter de répéter un nom, tu peux recourir à un substitut (= un mot qui le remplace) :

- Voici les principaux pronoms substituts :

types de pronoms	exemples
personnels	*il, elle, ils, elles, le, la, les...*
démonstratifs	*celui, celle(s), ceux* (parfois suivis de *-ci* ou *là*) *ce dernier, cette dernière, ces derniers...*
possessifs	*le mien, la mienne, les siens, la leur, les vôtres...*
relatifs	*que, qui, dont...*

- Recourir à un autre nom ou GN permet de donner des informations sur l'**identité** et le **caractère** du personnage.

Merlin est un magicien savant et âgé qui a de grands pouvoirs.
On peut aussi le désigner par : le grand mage, le sage, le puissant Merlin...

1 **1. Lis attentivement le texte suivant.**

Le corps de la fourmi-panda rappelle celui de la fourmi et a les couleurs de celui du panda, mais cet insecte est en réalité une espèce de guêpe sans ailes.

2. Quel pronom remplace *le corps* ? ....

3. Quel GN remplace *la fourmi-panda* ? .... / 2

2 **1. Lis attentivement le texte suivant.**

Seul satellite naturel de la Terre, la Lune est l'objet céleste le plus visible la nuit depuis notre planète. « L'astre de la nuit » s'oppose ainsi au Soleil.

2. Quels GN permettent d'éviter de répéter... ?

- *la Lune* : .... ;
- *la Terre* : .... / 4

3 **Kenji a écrit le résumé d'un livre. Pour l'aider, indique sous chaque mot ou groupe de mots souligné le pronom ou le GN qui convient.**

| Ce dernier | qui | Le jeune homme | il | son aïeul |

Miss Peregrine et les Enfants particuliers de Ransom Riggs
Jacob a 16 ans. Pendant toute son enfance, Jacob a écouté les histoires incroyables que racontait son grand-père, Abraham. Le grand-père de Jacob meurt dans des circonstances étranges. Jacob part alors enquêter dans l'orphelinat où a grandi son grand-père. Il rencontre des enfants ; ces enfants ont des pouvoirs surnaturels.

...... / 5

4 **Imagine un autre GN pour désigner les personnages de chaque photo.**

• la jeune femme
• ....

• les concurrentes
• ....

• les deux skippers
• ....

...... / 3

5 **Réécris chaque phrase en remplaçant les mots soulignés par les pronoms qui conviennent.**

1. Le jeune Aeris regarde comment Leïa pilote le vaisseau, puis Aeris prend les commandes du vaisseau. → *Aeris regarde comment Leïa pilote le vaisseau, puis ...... prend les commandes ......*

2. Les rebelles terriens ont envoyé un message aux Martiens. Les Martiens ont reçu le message mais les Martiens n'ont pas répondu au message.
→ *Les rebelles terriens ont envoyé un message aux Martiens. ...... ont reçu ...... mais ...... n' ...... ont pas répondu.*

...... / 6

Le total de mes points est ...... / 20

Varier son vocabulaire

Je compte mes points

FORCE 3

Observe et retiens

- Pour améliorer tes rédactions, remplace les **mots génériques** (passe-partout) par des **mots spécifiques** qui ont un **sens plus précis**.
- Cette démarche s'applique en particulier aux verbes :

verbes passe-partout

- **être** : *existter, se montrer, se trouver, se sentir, demeurer…*
- **voir** : *apercevoir, regarder, contempler, distinguer, observer…*
- **aller** : *marcher, se diriger, se rendre, se promener, voyager…*
- **dire** : *raconter, affirmer, décaler, révéler, annoncer…*
- **faire** : *fabriquer, construire, préparer, effectuer, réaliser…*
- **avoir** : *posséder, détenir, disposer de, obtenir, acquérir…*

- C'est vrai aussi pour :

les adjectifs	• ***petit*** : *minuscule, exigu, réduit, étroit, négligeable, dérisoire…* • ***vieux*** : *âgé, ancien, antique, archaïque, démodé, usé, vétuste…*
les noms	• ***monde*** : *terre, globe, planète, astre, humanité, société…* • ***maison*** : *logement, domicile, demeure, foyer, habitation…*

- CONSEIL Utilise un dictionnaire des synonymes, comme : *http://www.crisco.unicaen.fr/des/synonymes/*

1 **Remplace les verbes en couleur par des termes plus précis.**

Kim (est allée) .... dans de nombreux pays d'Europe. Elle (dit) .... qu'en Écosse elle (a vu) .... le monstre du Loch Ness dans la brume. Lors d'un séjour en Finlande, elle (est allée) .... en Laponie où elle a pu (voir) .... une aurore boréale !

...... / 5

2 **Augustine a rédigé un récit d'expérience.**
Sous les verbes passe-partout soulignés en rouge, écris un verbe plus précis.

Elena allait vers l'arrêt de bus le plus proche de chez elle quand elle vit son ami Léo au bord de la route. Il lui dit qu'il ne pouvait plus bouger sa jambe droite après une chute de vélo. La jeune fille, qui avait eu son brevet de secouriste quelque temps auparavant, prit aussitôt son téléphone dans son sac et dit aux secours ce qui s'était passé. Léo fut rassuré. Ils attendirent ensemble l'arrivée de l'équipe médicale.

...... / 6

3 **Raconte le voyage de ce personnage vers l'Antarctique sans employer les verbes** ***aller, faire, être.***

Il a atterri à l'aéroport d'Ushuaïa, puis a traversé

....

....

....

....

....

....

....

....

....

....

Tu peux utiliser les expressions : *affronter les vagues, essuyer une tempête, échapper à, atteindre...*

...... / 9

Le total de mes points est .... / 20

Se relire

Je compte mes points

FORCE 2

Observe et retiens

Quand tu te relis, tu dois :

- supprimer les éventuelles **incohérences** ;
- améliorer ton **style** (éviter les répétitions, diversifier ton vocabulaire) ;
- corriger les **erreurs de langue** (orthographe, syntaxe, mots manquants...).

CONSEILS

- **Relis à voix haute** ce que tu as écrit.
- **Fais-le relire** à une autre personne, puis réécris tout ce qu'elle ne comprend pas.

1 **Pour un concours d'écriture, Jade doit écrire un récit d'aventures. Voici un extrait de son brouillon.**

Malgré les ronces et les racines, Aminata et Mattéo couraient à travers la forêt. Ils pouvaient entendre leurs poursuivants se rapprocher. Soudain, les deux enfants arrivèrent au bord d'un immense lac. Ils n'hésitèrent pas un instant et commencèrent à l'escalader. L'ascension était périlleuse : ils glissaient sans cesse et pouvaient tomber à chaque pas. Quand ils eurent franchi le lac, ils poursuivirent leur course en direction d'Aurora.

Chiara a lu le texte de Jade et elle a souligné deux phrases qu'elle ne comprend pas. Réécris ces deux phrases de manière que l'ensemble du texte soit cohérent.

....

....

....

....

.... / 4

2 **Sur le blog du collège, Léo doit raconter en trois phrases une rencontre marquante. Le professeur le félicite pour le choix du sujet mais lui demande de se relire, car il manque des mots. Aide Léo à corriger son texte.**

Lundi dernier, Céline Dumerc, capitaine de de France de basket féminin, est venue collège. Elle nous a expliqué comment s'entraînait et en quoi consistait son rôle capitaine. Ensuite, nous avons échangé quelques balles avec.

...... / 5

3 **Maël et Lina ont préparé un exposé en sciences mais ils ne maîtrisent pas les règles d'accords et de conjugaison. Aide-les à corriger leur texte.**

L'Etna et un volcan situer en Sicile. Il culminent à 3 300 mètre d'altitude, ce qui en fait le plus haut volcan actif d'Europe. Les dernières éruptions ont eus lieu au sommet. Le plus à craindre serais une éruption sur les basses pentes, les plus peuplées.

Vérifie que tu as corrigé 6 erreurs.

...... / 3

4 **Écris une histoire à partir de ces quatre images.**

Prépare ton texte au brouillon et utilise les techniques de relecture pour le corriger.

....

....

....

....

....

...... / 8

Le total de mes points est .... / 20

Rédiger efficacement

Je compte mes points

BILAN

Deux enfants, Keren et Nathan, ratent le métro qu'ils devaient prendre avec leur classe et se retrouvent dans une station inconnue...

— On est arrêtés à une station.

— Oui, c'est normal, on est dans le métro, rétorqua Keren. Mais tu vois des gens ? C'est tout noir.

— Non, et cette station ne me dit rien du tout. Pourtant je les connais toutes, même les stations fantômes.

— C'est quoi ? Des stations hantées ? Il y a eu un accident ou quelque chose comme ça ? Des gens sont morts ?

— Non, non, ce sont des stations qui ne servent plus. [...]

Un silence angoissant s'installa, à tel point que Nathan, au bout d'une minute, se força à dire quelque chose :

« Je... Je ne sais pas trop ce qu'on attend. Ni où on est.

— Je suppose qu'on ne va pas tarder à redémarrer.

— Oui, à un moment ou un autre. Mais on n'a rien entendu. Le conducteur n'a rien dit. Il aurait dû dire quelque chose.

— Ah oui, tiens, c'est vrai. Et s'il s'était endormi ?

Eric Senabre, *Sublutetia*, volume 1 : La Révolte de Hutan, © Didier Jeunesse, 2011.

1 Je réponds à des questions sur un texte

1. Comment s'appellent les personnages et où sont-ils ?

....

2. Qu'est-ce qui les intrigue ?

- Lignes 1 à 3 : ....
- Lignes 4 à 8 : ....
- Lignes 13 à 14 : ....

3. Quelle est l'hypothèse de Keren à la fin du texte ?

....

...... / 3

2 J'invente une histoire en respectant des consignes

Imagine la suite du récit en commençant par noter tes idées au brouillon.

- Raconte les actions des enfants au passé simple (par ex. : *Les deux enfants décidèrent de descendre sur le quai, mais la porte était bloquée… Ils tentèrent alors d'ouvrir la fenêtre…*)
- Pense à rapporter leurs paroles ; repasse alors au présent (par ex. : *Keren se mit tout à coup à chuchoter : « Regarde, Nathan, il y a quelqu'un dans le wagon… »*). ___ / 2

3 Je relis mon brouillon deux fois et le corrige

1. **Coche la case quand tu penses que l'objectif est atteint.**
2. **Modifie ton texte jusqu'à ce que toutes les cases soient cochées.**

Dans mon texte j'ai :

– respecté le sujet (suite de texte, respect des temps) ❑
– enchaîné au moins trois actions (voir p. 16-17) ❑
– inséré des paroles dans le récit (voir p. 18-19) ❑
– décrit l'endroit où se trouvent les personnages (voir p. 12-13) ❑
– supprimé les répétitions (voir p. 20-21) ❑
– utilisé un vocabulaire varié (voir p. 22-23) ❑ ___ / 7
– vérifié l'orthographe et la syntaxe (voir p. 24-25) ❑

4 Je rédige mon texte

....

....

....

....

....

....

....

....

.... ___ / 8

....

Le total de mes points est ___ / 20

PAPIER À BASE DE FIBRES CERTIFIÉES

Hatier s'engage pour l'environnement en réduisant l'empreinte carbone de ses livres. Celle de cet exemplaire est de : 200 g éq. CO_2
Rendez-vous sur www.hatier-durable.fr

Maquette : Pictorus
Mise en page : Facompo, Rouen
Illustrations : Stéphane Mattern, Adrien Siroy (chouettes)

Crédits photos : page 3 © Marco Vallejo-Fotolia ; page 9 © ferkelraggae - stock.adobe.com ; page 11-1 © Stephen Barnes-Fotolia ; page 11-2 © A.JORON - stock.adobe.com ; page 11-3 © Deki - stock.adobe.com ; page 11-4 © Larysa - stock.adobe.com ; page 13 © Joe Roberts ; page 15 © Image Source - iStockphoto ; page 19 © Dmitry Berkut - stock.adobe.com ; page 21-1 © Craig Dingle - iStockphoto ; page 21-2 © Nick Dolding / Gettyimages.com ; page 21-3 © mbbirdy - iStockphoto ; page 23 © Witold Kaszkin / Incredible Arctic - stock.adobe.com ; page 25-1 © Burdun Iliya - Shutterstock ; page 25-2 © stokkete - stock.adobe.com ; page 25-3 © Antonioguillem - stock.adobe.com ; page 25-4 © serhiibobyk - stock.adobe.com ; page 26 © Rémi Saillard, Sublutetia, La Révolte de Hutan © Didier Jeunesse, 2011.

Achevé d'imprimer en Espagne par Macrolibros - N° d'imprimeur : 3890 - Dépôt légal 04417-3/03 - Février 2020